정가은
언제나 엔터와함께합니다

B의 일기
2

B의 일기 2

초판 1쇄 인쇄 2021년 6월 20일
초판 1쇄 발행 2021년 6월 25일

글·그림 | 작가1
펴낸이 | 金滇珉
펴낸곳 | 북로그컴퍼니
주소 | 서울시 마포구 월드컵북로1길 60(서교동), 5층
전화 | 02-738-0214
팩스 | 02-738-1030
등록 | 제2010-000174호

ISBN 979-11-90224-90-1 07810

Copyright ⓒ 작가1, 2021

· 원고투고: blc2009@hanmail.net

· 블로그: blog.naver.com/blc2009
· 인스타그램: @booklogcompany
· 페이스북: facebook.com/blc2009
· 유튜브: 북로그컴퍼니

· 잘못된 책은 구입하신 곳에서 바꿔드립니다.
· 이 책은 북로그컴퍼니가 저작권자와의 계약에 따라 발행한 책입니다. 저작권법에 의해 보호받는 저작물이므로, 출판사와 저자의 허락 없이는 어떠한 형태로도 이 책의 내용을 이용할 수 없습니다.

B의 일기

2

작가1 지음

북로그컴퍼니

작가의 말

안녕하세요! 작가1입니다.

길고 길었던 2020년을 지나 2021년도에 드디어
〈B의 일기〉를 정식 출간하게 되었네요. (짝짝!!)
딜리헙 사이트에 연재를 하고 또 많은 반응과 댓글을 받아보면서
여러 가지 감정이 교차했던 게 기억나요.
웹툰을 그릴 때는 힘들어했다가도
독자들의 그런 호응을 보면 바로 피로가 싹 가시고
다시 펜을 잡을 힘이 생겼었죠.

연재될 때 올렸던 후기를 빌려 다시 말씀드리자면,
세상은 언제나 움직일 때 삐걱거립니다.
그러니 나로 인해 주변이 요동친다 해도 걱정하지 마세요.
이런 사회에서 각자 행복할 길을 찾아가는,
주체적으로 나아가는 우리는 그 존재만으로도 완벽하니까요.

걱정과 우려가 많았던 〈B의 일기〉였는데,
끝까지 응원해주시고 공감해주신 독자님들 덕분에
순조로운 완주가 가능했습니다.
함께 달려주신 모든 분들과
도와준 지인분들에게 진심으로 감사드립니다.

늘 따뜻한 나날 보내세요!

2021년 6월, 작가1

등장인물 소개

도수리 (24세)

다정한 남자친구와 함께 화목한 가정을 만드는 게 꿈인 24살 사회 초년생. 폭력적인 아버지와 침묵하는 어머니가 지긋지긋하다. 이제 이런 가족을 떠나 남자친구와 결혼해 행복한 가정을 꾸리면 모든 게 완벽한데, 독서모임에서 만난 정도도라는 사람이 거슬린다. 왜 말을 그렇게 해? 절대 친해지지 말아야지.

정도도 (34세)

수리가 독서모임에서 처음 만난 이상한 사람. 오늘만 살 것 같은 행동에 심드렁한 표정. 마음에 안 든다고 남의 차를 긁어놓고 도망가는 오만한 태도. 그런데 수리의 남자친구와 그 가족에 관한 얘기만 나오면 자리를 피한다. 수상한데, 뭔가 숨기고 있나?

정도운 (33세)

수리가 6개월 교제한 남자친구. 오래전에 가족과 연 끊은 누나를 싫어하면서 동시에 두려워해, 그 이름이 언급되는 것조차 거부한다. 그래도 여자친구인 수리에게는 다정하고 나름 친절하다. 이 정도면 남편감으로 괜찮지.

정도운의 부모
연을 끊고 집을 나가버린 장녀의 이름조차 거론하기 싫어하는 인물들. 하나밖에 없는 아들이 세상의 전부다. 수리가 좋은 며느릿감인지 끊임없이 시험한다.

유은
정도도의 대학 친구. "나는 시집 잘 가려고 여대 왔는데."라고 말하던 친구였으나 정반대 성향인 정도도와 뜻을 함께해 서로 우정을 나눈다. 그러나….

수연
독서모임에서 만난 쾌활한 사람. 정도도와 도수리에게 호의적이며 친절하다. 독서모임에서 만난 남자가 말을 걸기 전까지는.

하과장
도수리의 직장 상사. 남초 회사에서 굴림당하고 까이는 나날이 피곤하다. 끌어 줄 만한 여자 후임 어디 없으려나?

차 례

작가의 말 ·················· 4
등장인물 소개 ············· 6

13화 ·················· 10
14화 ·················· 34
15화 ·················· 53
16화 ·················· 72
17화 ·················· 89
18화 ·················· 107
19화 ·················· 125
20화 ·················· 144

21화 ················ 160
22화 ················ 177
23화 ················ 188
24화 ················ 206
25화 ················ 224
26화 ················ 242
27화 ················ 257
28화 ················ 271

B의 일기
13화

어느 날
나는 가부장제에서
굴러 떨어졌다.

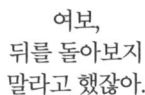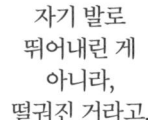

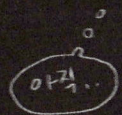

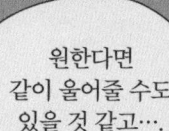

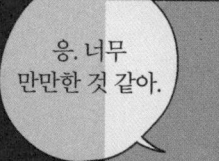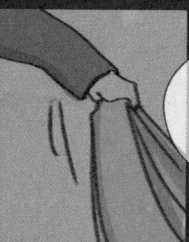

남자가 여자를 좋아해주지 않으면?

여자의 미모가 시들면?

그런데 그 말을, 이상하게 여자들이 더 좋아하더라고.

어느 순간 여자 본인도 바라게 된 이미지.

수세기의 미의 기준,

잘 있어.

그건 그냥 권력자의 입맛에 따라
변형되어왔던 박제일 뿐이야.

그래서
여성스럽지
않았어?

늙지도, 변하지도
않을 뿐 아니라

입도 없어
주장도 못 하는…

기능은
눈요기가 다인,

그런…

학습된 채로.

… 죄송해요.

네? 이게 왜 죄송해요?

다 이러고 사는데!

다 맞는 말일 수도 있어요.

여자는 사랑받아야 하고,

가정에 정착해야 하고,

늦기 전에 임자 만나야 하고….

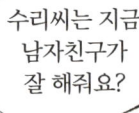

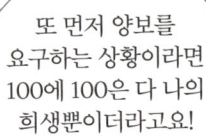

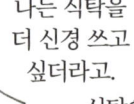

그들의 집안으로 들어가
내조를 하며

동시에 가정을 이룬
남자들의 뒤를 탄탄하게
비춰주도록 유도하지.

사회에서 배재당한 자신의
경쟁력을 남편에게서 찾고,

가정 자체를
여성의 생존권으로 만들어
이혼을 두려워하게 한다.

그렇게
약자를 더 약자로

강자를 더
강자로 만든다.

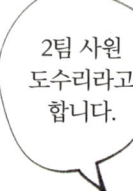

지식iN

Q&A CHOiCE 답변하기 지식기부 사람들

Q 남친 집안하고 저희 집안하고 저 모르게 뒤에서 수작질 한 것 같은데

비공개 · 채택률 83% · 마감률 83%

빨리 결혼시키려고요 ㅜㅜ 근데 저는 결혼 빨리 할 생각 없거든요.
직장도 그만두긴 이르고요. 이 모든 것이 저 모르게
이루어지고 있었다는 사실이 너무 화가 나고 속상한데,
남친이랑 헤어져야 할까요? 아예 결혼도 파토 내고요? 내공100

2011.02.07 조회수 216

나도 궁금해요 댓글

 「grg****님 답변
지존 · 채택답변수 340

안녕하세요? 안타까운 사연 잘 읽었습니다~^^
도움이 필요하신가요? 너무 답답하시죠 ㅜㅜ

1:1 맞춤 연애상담을 통한 100% >화해<!
채택 후 추가질문을 통해 연락주시면 답해드리겠습니다^^

2011.02.07

---

 offt****님 답변
영웅 · 채택답변수 89

남자쪽이 얼마나 급했으면 그랬겟음 ㅡㅡ
결혼 일찍하는게 뭐가 대수라곸ㅋ
근데 여자가족도 암말 없던게 ㅅㄹ이긴 하네요

---

 slee****님 답변
초수 · 채택답변수 17

엥 결혼 파토는 오바...
남자가 님 열라 좋아하는 듯. 좀 봐주3
얼마나 결혼하고 싶음 그랬겠어여.

내공냠냠

😠 1 ··· 💬 댓글

스스로가 부족한 것 같다는 생각이 들고

남들에게 소홀한 대우를 받지.

그럼에도 불구하고 진행하려는 결혼이고.

결혼 왜 해?

남들 다 하니까.

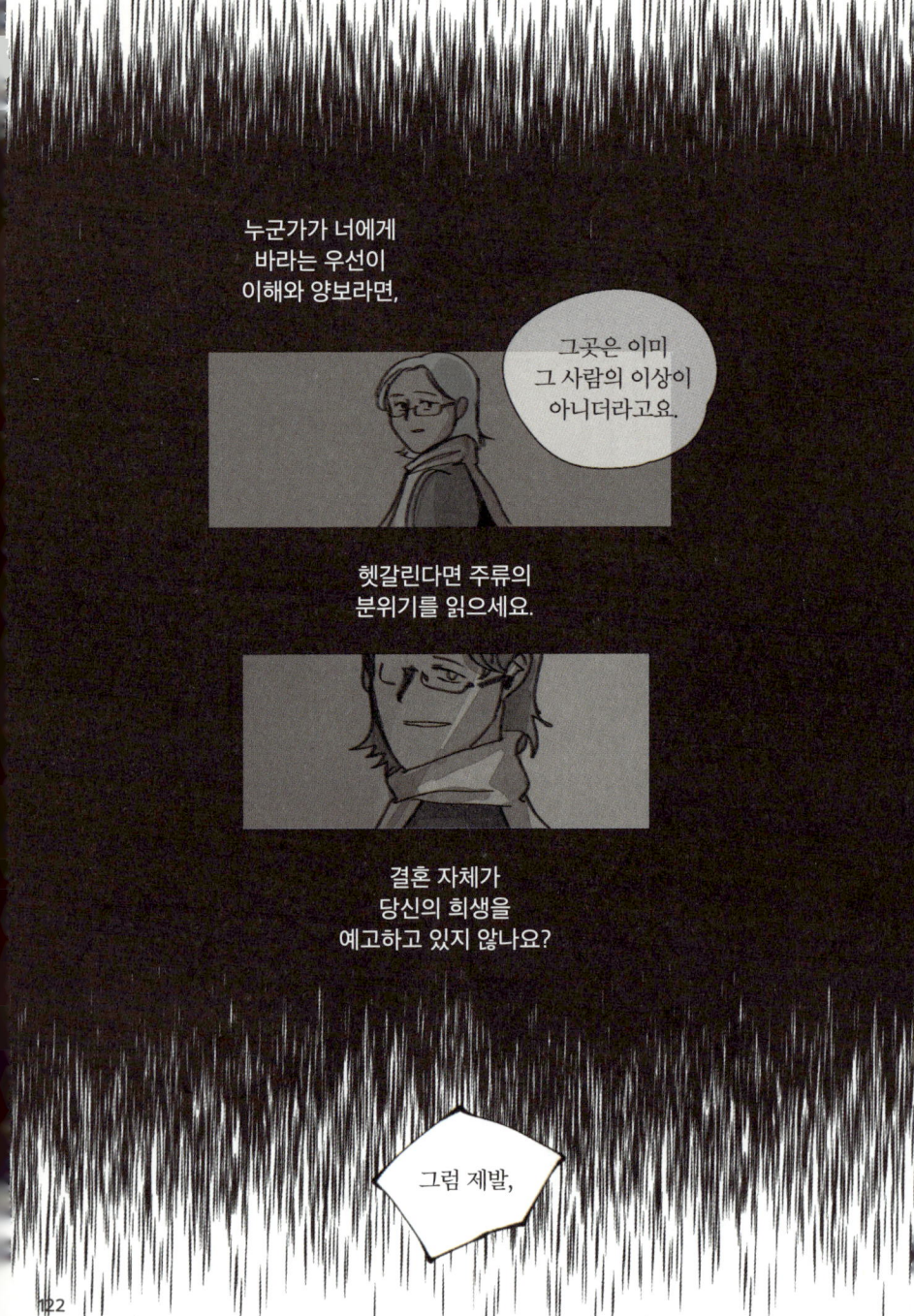

크게 걱정하지 말라는 말을 하고 싶었어요.
이 또한 별거 없이 흘러갈 테니까요.
늘 그랬듯이!
나같이 사는 사람도 있는데!
타인 눈치 보지 말고, 하고 싶은 대로 살아요.
또 혼자 사는 거… 일생의 모험 아닌데. 그냥 엄청 편해요.
틈새 영업!
왜 확신해?
확신이 아니에요.
경험에서 나온… 예상이지.

차가운 겨울

숨찬 새벽

기묘한 일탈

내 걱정이나 감정을 쏟아부어도

군말없이 같이 있어주고, 듣기 좋은 말만 해주는…

너에게 아무리 다정하고 친절해도,

아이의 성 하나 주지 않지.

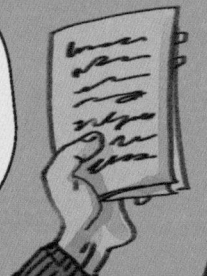

남편이 너의 가족에게 하는 만큼, 너도 네 남편 가족에게 똑같이 해봐.

아주 가끔 생색내듯 시댁에 가서 소파에 앉아. 부엌 쪽으로 발도 디디지 마.

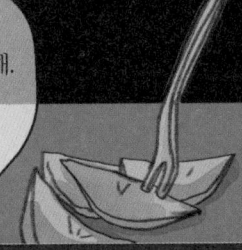

나오는 음식을 먹기만 해. 그것만으로도 반응은 바로 나올걸.

반면에,
네가 직접 발로 뛰어
일을 한다?

그래도 사람들은
잘 봐주지 않아.

왜냐면,
네가 하는 건
수고로움이 아니라,

마땅히 해야 하는
'인간의 도리'거든.

물론~
안 그런
집도 있고,

극소수를
반박이랍시고
끌고 올 수 있어.

하지만 본질적인
인식이 달라.

남편이
집안일을 다 한다?
칭찬받고
치켜세울 일이지.

하지만 그 일을
여자가 한다?
진작 빨리 좀
하라 할걸.

당신은 항상 내 편이지?

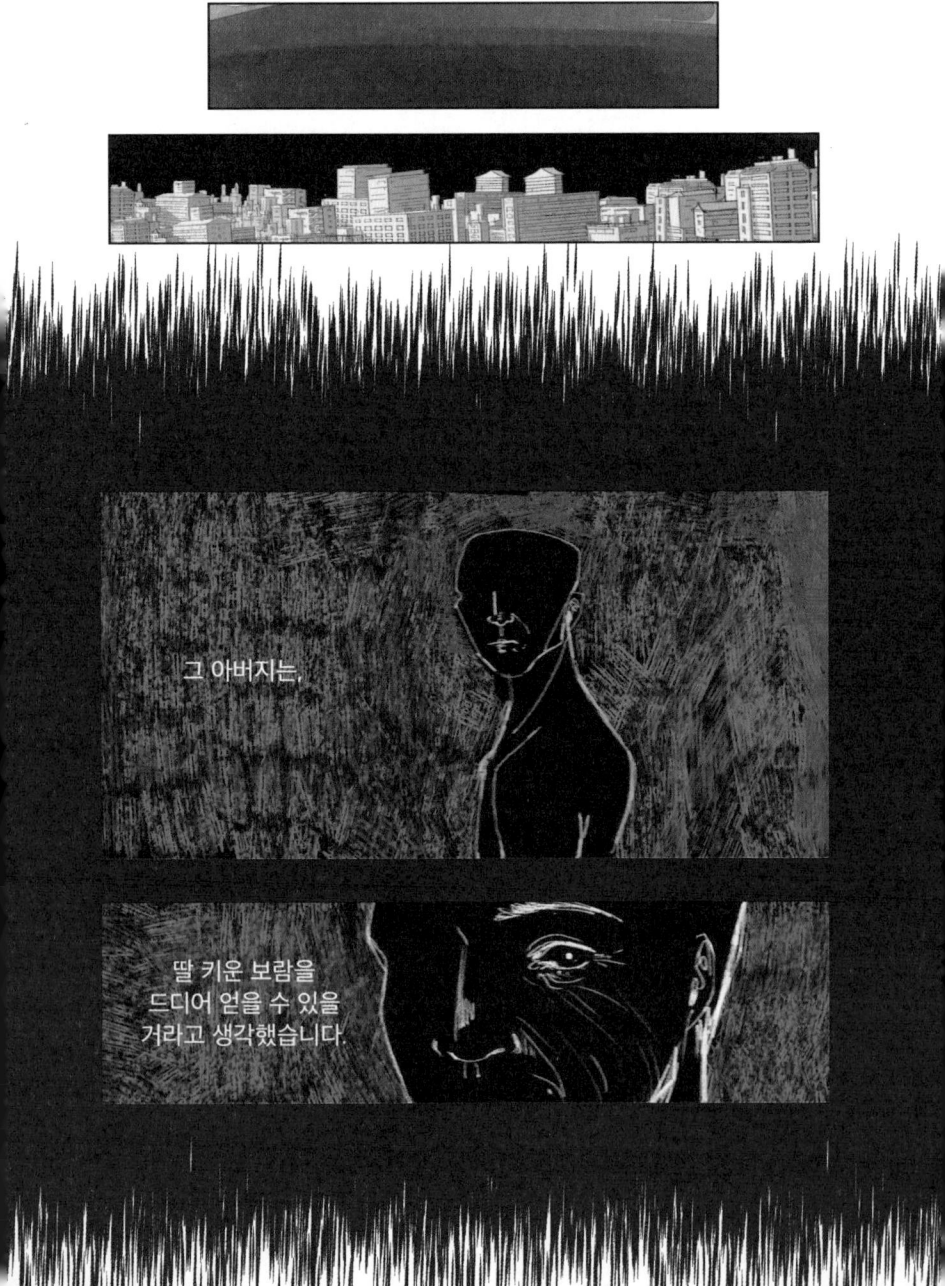

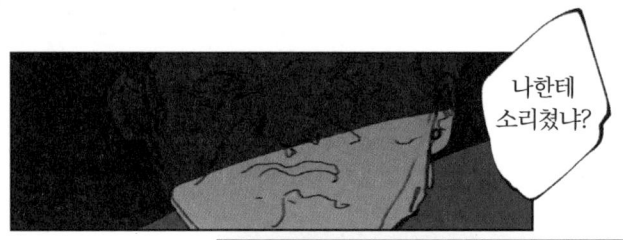

또다시?

하지만…

내 친구들?

내 친구들은,

… …
없어. 없어졌어.

다 잡아먹혔어.

뭐에게?

운명 같은 사랑…

그 꿈같은
로맨스를 사랑한 건
내 친구들이고,

그 친구들을 품평하고,

마냥
성적 대상으로 보던 건
남자들이었는데,

그 남자들이 로맨스로
가장 큰 실질적 이익을 얻더라고.
왜?

여자의 인생 목표는
사랑이라 말하지.

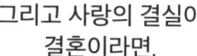
그리고,
아빠 얼굴을
세상에 누가….

그리고 사랑의 결실이
결혼이라면,

결혼을 함과 동시에
여자는 인생 목표를 이루게 돼.

그다음은 없는 거야.

그건 어디서
배워먹은
건방이야??

다른 길…
모두가
가지 못했던
그 다른 길.

왜 가면
안 돼?

남자는
권력과 명예,
여자는…

소년이여
야망을 가져라?

오래 못 갈
미모?

남자는
마흔부터,

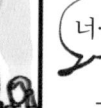
너…

그런 말을
듣고 자랐기에,

결혼 이후의 삶을
꿈꿀 수 있는 남자에게
여자는 귀속되어,

주체성을 인정받지
못하고

그저 누군가의
엄마로, 아내로,

그냥 그렇게
평생 살도록,

우리는
키워진 거야.

원래 드센 여자는, 대우해주는 시늉을 해줘야 좀 온순해져.

착각을 하거든.

집에 갇혀 평생 내조하는 삶이 본인의 최선이었다고 믿어.

원래 잘난 사람일수록 필사적으로 더 믿지.

맞아. 방어기제 같은 거야.

뭐, 우리야 좋은 일이지. 본인에게도 그게 더 좋을걸. 벗어나려면 이혼뿐인데, 하겠어?

… 너 어디 가서 떠들지 마라.
계속 저렇게 믿고
군말 없이 있어야만,

우리가 오래오래
편할 수 있는 거야.

사람은 누구나 스스로가 정상이길 원하지.

그래서 자신의 삶이 '정상'에
있다는 근거를 무의식적으로 계속 찾아.

그리고 부당함이 정상이 되는
가장 쉬운 방법은….

부당함이 정상이 되는 가장 쉬운 방법

착취가 정상이 되는 방법이요?

그 착취가 주류가 되어,

모든 이의 기본이 되면 돼요.

모든 여자가 다 비슷한 삶을 산다면,

명절?

지옥이었지~

어딜 둘러보아도 그게 평균이라면.

남편놈 도와주지도 않아!

어? 나도!

나돈데.

너의 시도가
날 비정상으로 내몰아.

애써 서로의 입을 막아 지켜냈던
전통을 가장한 착취.

이러니까 네가
시집을 못 갔지.

평생 외롭게
혼자 살다 죽을게!

불행한 여자로 비치기 싫으면
남자를 만나 아이를 낳으렴.

그게 모든 여자의
최선이었으니까?

이 모든 구조를 처음부터
알고 있었음에도 묵인한 자들.

만들어진 차별 구조 안에서,

가장 큰 이익을 보던 자들은
언제나 먼저 입을 다물고.

그들의 바람대로 굴러가주는 건 언제나….

왜…

엄마는,

천지에 널려 있는
실패한 결혼에는

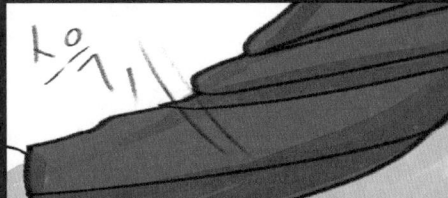

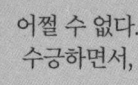

모든 것의 시작은

그때부터였다.

의존성.

자아의탁.

연락 하나
반응 하나가
기대에 미치지
못할 때

겨우 그것에
뿌리부터 흔들리는
단단함의 기반.

익숙한 다정함에,

금방 뒤돌아버리는
약한 믿음.

단 한 번의 헛발질.

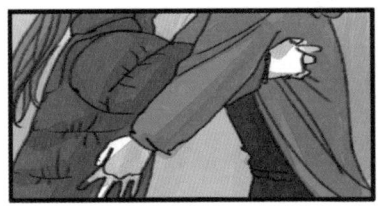

어쩌면 당연했던 결과.

기다렸다는 듯이
나타난

오빠.

합리화의 늪.

결혼하면 정말
힘든 일이 사라질까?

차라리 내가 이상해서,

나 혼자 달라져서 해결할 수 있다면,

가정이 생겨 정착하면,

편안해질까?

  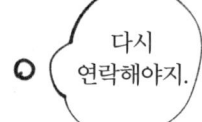

도도언니한테…

다시 연락해야지.

가서 말하고,
이 상황을 공유하면,

응….

내 선택을
이해해 줄거야.

하자.
결혼.

지금은 서로
바빠서 그래.
차분하게 얘기하면,
내 말을 들어주고,

휴…
다행.

고마워.
수리야.

이 불안한 감정을
나눠 짚어주겠지.

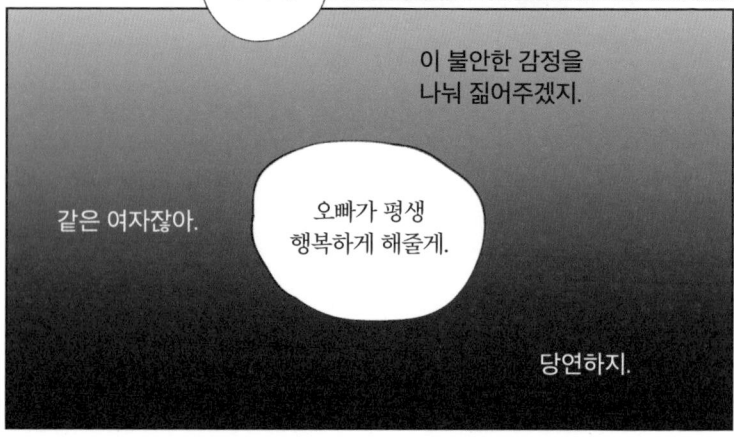

같은 여자잖아.

오빠가 평생
행복하게 해줄게.

당연하지.

나는 그가
아끼는 개의 발을
실수로 밟았고,

그는
화를 냈습니다.

미안합니다.
내 실수요.

개는
엎드려 가냘프게
낑낑거렸지만,

개의 주인은
나의 사과에 마음이
누그러졌기에,

나는 후련한
마음으로 그곳을
떠날 수 있었습니다.

몇 년간 묻어뒀던 기억이

기이한 기시감과 함께 출렁일 때,

과거의 흔적이

나에게 말을 걸었다.

짜증나.

도도야!!

억울해.

재수 없어.

이런 애가 아닌데….

누나가 되어서 동생을 막 차네?

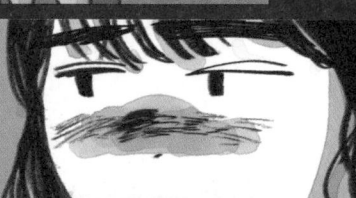

얼른 사과 안 해??

내가 왜?

그런데 그 이유를 명확히 모르겠어.

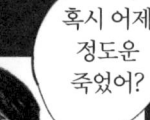

내 오랜 즐거움이자 전환점.

널 만나서 후회도 했지만,

시간을 돌려 과거로 돌아가도, 몇 번이고 다시 네 옆자리에 앉을….

우울은 귀부터 먹어치워 청력을 없애.

긍정, 부정적인 말 모두를 차단하면,

그다음은 혀야.

말을 잃으면?

그다음은 시력.

우울이 심해지면, 사람은…

그렇게 돼. 원래 그래.

그렇게 듣지도 말하지도 보지도 못하고,

남은 게 촉각밖에 없는 사람들은,

최후의 수단으로 손을 뻗어.

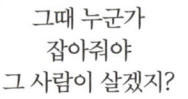

…… 그러다가

질리거나, 조건에 맞지 않다는 걸 알면,

손쉽게 다른 먹잇감에게로 눈을 돌리지.

… 그럼, 난 어떡해?

나도 사랑하고 사랑받고 싶어.

… ….

… 세상에는, 가장 일상적이고, 별것 아니기에 평생 사랑할 수 있는 것들이 있어.

그것들은 네가 놓기 전엔 널 떠나지 않아.

그냥 너의 일부가 되어 같은 시간에 녹아나겠지.

… …. … 그렇게 살면, 나도 남자 없이 살 수 있을까?

당연하지.

그런 삶이 정말 존재해?

네 눈에 내 삶은 안 보이니?

그래서 "도도야!"

"또 싸웠어!"

대처하는 법을 몰랐어. 은아.

"다시 만나달라 해서 사귀었으면 원래 더 잘해야 하는 거 아니니?"

하고 싶은
말은 많았지만,

하지 못했다.

또 헤어졌어.

이제 정말
그만할 거야.

또 차였어….

내가
심했나..?

봐!

반지 이쁘지.

100일
커플링~

너는 계속
그 일을 반복했으므로.

나는 선을 봤다.

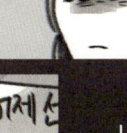

너의 의지는 제법 오래갔다.

이거 봐. 9월이야.

그게 뭔데?

내가 전 남친하고 헤어진 지 2달이 지났다는 거지.

최장 기록이야! 어느 남자도 안 만나고 살았어.

내가 너무 대견해.

자유롭고 좋다….

평생 이렇게 살아야지.

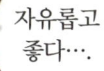

그치.

너 좋아하는 거 사 왔어.

우선 당 채우고, 이것 좀 마셔봐.

불안할 거야.

내가 그걸 왜 모르겠니.

누구나 흔들려.

그치?

우리는 네가 너무 부끄럽다.

아무도 너처럼 안 살아!

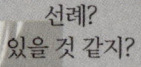

선례? 있을 것 같지?

없어!

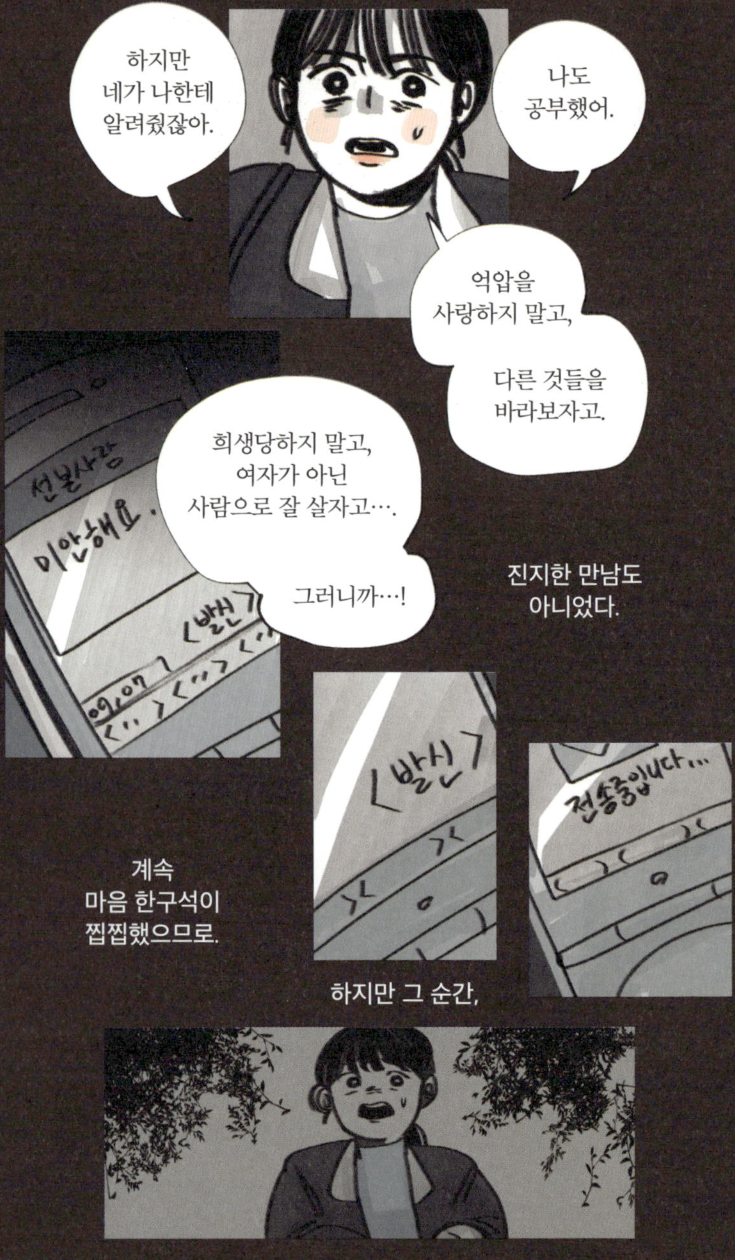

시간은 빠르게 흘렀다.

아무도 안 만난 지 200일!

축하해.

오늘은 맛있는 거 먹어.

그게 다야?

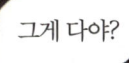

? 뭐.

더 기뻐하란 말이야.

춤이라도 춰줘?

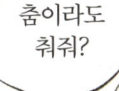

응.

하지만 어느 날부터,

너는 날짜 세는 것을 관뒀다.

도도.

너는

계속 내 친구지?

아 뭐야,

나는 무언가를 직감했고,

아무것도 묻지 못했다.

고마워하지 마.

나는 아직,

조금도 이해하지 못했어.

너는 지쳤던 걸 수도,
체념했던
걸 수도 있다.

어려웠겠지.
서른이 되어가는 나이.

주변에서 가하는 압박은
상상을 초월했을 것이다.

하나만 물어보고 싶어.

응? 뭔데?

너에게 그 시간들은
뭐였어?

그… 마음에 들어?

으응….

… 그래.

그럼 됐어.

나는 널 잃고 싶지
않아서 침묵했다.

나는 여전히
겁이 많았고,

이듬해 봄,
넌 청첩장을 주었다.

우리는 약속한 것처럼
상대에 대해 언급하지 않았다.

너는 꺼렸고,

나는 예감했으므로.

3권에 계속